ゲンティー健人の
世にもおいしい
一人飯

光文社

Creator ?
Foodie ?
Influencer ?

Who's Kenty ?

ケンティー健人って何者?

　はじめまして。料理系動画クリエイターとして活動しているケンティー健人です。

　僕の名前を知らなくても、TikTokで前髪ぱっつんの男が料理する姿を目にしたことがあるかたがいたらうれしいです。

　今でこそ「料理系インフルエンサー」などと言われたりしますが、僕が料理を始めたのはたった3年前。離婚して一人暮らしを始めたのをきっかけに、自炊とTikTokの投稿に挑戦することにしたのです。当初の再生回数はぼつぼつ…。それでも試行錯誤を重ね、自分が料理する姿を映す現在のスタイルにしたところ、再生回数もフォロワーさんの数もみるみる増え、今では想像もできないくらい多くのかたに見ていただけるようになりました。

　言葉の説明はほとんど入れず、映像だけで料理を伝える動画だからか、外国のかたからもたくさんの反響をいただいています。

　「細かい分量を知りたい」というリクエストをいただき、ついに夢の書籍化!　分量は試作をくり返し、おいしい配合を算出しました。動画のコンセプトと同じく説明は最小限に、写真を見るだけでも感覚的にわかる「レシピのほぼないレシピ」を目指しました。

　逆に言えば、それくらい簡単な料理ばかりなんです。各レシピには動画のQRコードも載せたので、合わせて楽しんでみてください。

　かつての自分と同じように料理初心者のかたや、お子さんと楽しみたいかた、一人でも家族とでも、「これなら作れるかも?」「作ってみたい!」と思っていただければうれしいです。

ケンティー健人

Kenty's History
ケンティー健人の歴史

記念すべき料理の初投稿。
最初の頃は料理中の手元
だけを映す動画でした。

1987年	2月15日	福井県に生まれる。
2005年	4月	高校卒業後、福井の服飾関連の工場に勤務。会社員として、毎日なんとなく働いていた。
2020年	8月	結婚、離婚、実家暮らしを経て、33歳にして初めて1Kの部屋で一人暮らしをスタート。毎日自炊することを決意。
	9月	TikTokで料理動画の投稿を始める。
2021年	7月	ショート動画クリエイターの事務所PPP STUDIOに入所。アドバイスを受け、動画の撮り方を変えていくようになった。
	10月	自撮りしながら料理を作るスタイルに変更すると、再生数が急上昇。日本だけでなく海外にも拡散されるようになった。
	12月	TikTokのフォロワー100万人達成。
2022年	5月	それまで勤めていた会社を退社し、動画クリエイターの活動に専念。

自撮りスタイルの初投稿。
これ以降再生回数が100万
回を超えることが増え、大
きな転機になりました。

100万人記念におにぎり
をガブリ。まさか自分が
こんなにたくさんのフォ
ロワーさんに恵まれると
は…びっくりでした。

会社を辞めた日
のつぶやき。

| 2022年 | 11月 | 「TikTok Creative Festival NAGOYA」に参加。 |

初のリアルイベントでたくさんの視聴者やクリエイターに出会い、多くの刺激を受けました。手羽先、おいしかった…！

| | 12月 | 「TikTok Awards Japan 2022」のグルメ部門にノミネートされ表彰される。 |

これまでの人生で、自分がやってきたことが表彰されたことはあまりなかったので、とても光栄な出来事でした。

| 2023年 | 2月 | TikTokフォロワー400万人達成。自分の作る料理や動画がさらに多くのかたに届くようになった。 |

| | 6月 | YouTubeで見かけた「暗殺者のパスタ」のレシピを参考に、自分でも作ってみて動画にしたら大バズり。「TikTok上半期トレンド大賞2023」グルメ部門 にて表彰。 |

暗殺者のパスタ。パスタを焼いて焦げ目をつけてからソースを入れて煮る、独特の調理法が話題に。

| | 7月 | 「TikTok Creative Festival in OSAKA」に参加。 |

現在も料理を楽しみ、投稿を続けている。

Kenty's Comment

以前は働くのは生活のため。やりたいこともありませんでした。でも、TikTokを通して料理や自分を表現する楽しさを知り、初めてずっとやっていきたいことに出会えたような気がしました。今では動画発信が仕事。毎日が幸せです。これからもたくさんの人の心を動かす動画を作っていきたいです！

Free
and
Easy!

Just Do It!

How to Enjoy Cooking For One
ケンティー流 一人飯の極意5か条

 極意 **1** 切り方や計量は ざっくりでもOK

動画を見ているかたはおわかりだと思いますが、普段、材料の計量はざっくり派。この本を出すにあたってはかり直しましたが、自分の好みで変えてもらっても全然大丈夫です!

 極意 **2** 大胆に作ろう! 失敗も楽しもう

「アヒージョを持ち上げたら、オイルが多すぎてあふれた!」。そんなこともあります。それでもオイルたっぷりのほうがおいしいから、ギリギリを攻めたい。それも一人飯の醍醐味です。

 極意 **3** 洗い物は最小限に

洗い物はなるべく少なくしたい。そこで愛用しているのがホットプレートやスキレットのように料理してそのまま食べられる調理器具。一人向けのコンパクトな商品もありますよ。

ケンティー 三種の神器

スキレット
鋳鉄製のフライパン。蓄熱性が高く、アヒージョなどは火を止めても熱々を楽しめます。何よりおしゃれ!

ホットプレート
焼く、炒める、煮る、蒸す…etc. これ1台でOK。プレートに深さがあるタイプなら鍋としても使えます。

ホットサンドメーカー
直火もIHもOKのタイプを愛用。パンに焼き目をつけるほか、食材を炒めるなどフライパン代わりに使っても。

 極意 **4** カロリーを許そう

食パンを1斤丸ごと使ったグラタンや、山盛りのチョコプリン。そんな夢のメニューも自分の手で叶えられるのが自炊のよさ。罪悪感を持たずに食べて、太ったら走りましょう!

 極意 **5** 料理の音に耳を 傾けよう

トントンと材料を刻む音、ジュージューと焼ける音…etc. 料理には多彩な音があふれています。本では音は出せないけれど、擬音語で雰囲気を伝えられたらと思っています。

Contents

Part 1
ケンティー特選！
バズりめし12

居酒屋 けんてぃー

実録！ ケンティー撮影の裏側 …… 40

Part 2
両手で頬張る！
わんぱくスナック

密着！ ケンティーのとある一日 …… 66

Part 3
ごはんにのっけて！
ごちそう丼

鍋＆ワンパン料理!! シメのごはん＆めんも

Part 5

背徳感がたまらない バズりスイーツ

この本の使い方

・小さじ1＝5mℓ、大さじ1＝15mℓ、200mℓは日本の「1カップ」です。
・電子レンジは600Wを基本としています。500Wの場合は加熱時間を1.2倍にしてください。機種によって加熱時間に多少の差があるので、様子を見てかげんしてください。
・野菜や果物は特に記載のない場合、洗う、皮をむく、種・ヘタをとるなどの下処理をすませてからの手順を説明しています。
・作り方の火かげんは、特に表記のない場合、中火です。
・各レシピの動画QRコードは2023年12月時点のものです。

Part 1

ケンティー特選！

まぜ〜

ホカ　ホカ

The BUZZ MESHI :
Kenty's 12 most popular recipes

バズりめし12

「今度絶対に作ります！」「I'm hungry🥺」…etc.
たくさんの反響が寄せられた、味よし、見映えよしのレシピを大公開！

No.1

甘辛だれがごはんにしみしみ！

肉巻きおにぎり

Pork Wrapped Rice Ball

12

● 材料

Cooked rice
あたたかいごはん…4杯

Pork belly slices
豚バラ薄切り肉…600g

Ⓐ
Soy sauce
しょうゆ…大さじ3
Sweet rice wine
みりん…大さじ3
Sugar 砂糖…大さじ3

Roasted sesame
いり白ごま…大さじ2

うま！

にぎにぎ

①

縦にくるっ

②

横に巻き巻き

③

じゅわー

④

全体に
焼き色がついたら
おにぎりを
取り出して

⑤

ⒶをIN

⑥

たれを
からめて

⑦

パラパラッ

⑧

まぜる順番がおいしさのコツ！ フライパンで作っても

ペッパーランチ風 焼肉ライス

Grilled-Beef and Corn with Rice

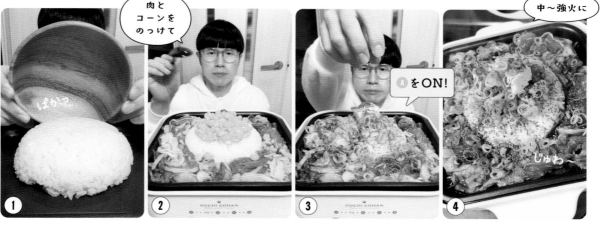

● 材料

Cooked rice
あたたかいごはん…2〜3杯

Shaved beef
牛薄切り肉…400g

Canned corn
コーン缶…100g

Ⓐ
Butter バター…30g
Grilled meat sauce
焼肉のたれ…大さじ4
Black pepper
あらびき黒こしょう…大さじ1/2
Green onion
ねぎの小口切り…30g

Ⓑ
Egg
卵…1個
Grated cheese
粉チーズ…大さじ2

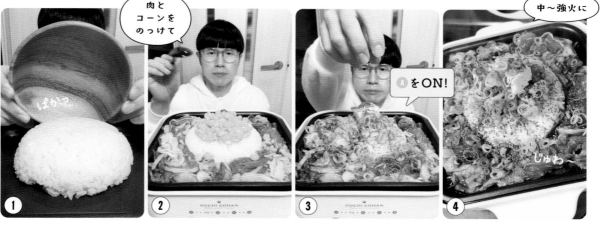

肉とコーンをのっけて

Ⓐ をON!

中〜強火に

じゅわ〜

① ② ③ ④

よーくまぜまぜ

肉に火が通ったらⒷをプラス

かぱっ

卵は好きなかげんに〜

⑤ ⑥ ⑦ ⑧

No.3

スープまで飲み干せる
あっさり和風味

トマトスープ
パスタ

Tomato Soup with Pasta

● 材料

Tomato
トマト…（あぶって皮をむく）1個

Spaghetti
スパゲッティ…100g

Shredded cheese
ピザ用チーズ…50g

Green onion
ねぎの小口切り…50g

Black pepper
あらびき黒こしょう…好きなだけ

Water
水…500㎖

 A Chicken broth mix
鶏ガラスープの素…大さじ1〜2

Mentsuyu
めんつゆ（2倍濃縮）…大さじ1

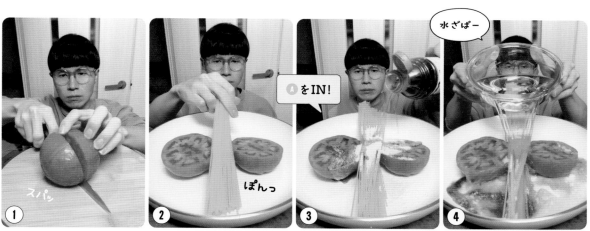

① スパッ

② ぽんっ

③ **A** をIN!

④ 水 ざばー

⑤ パスタの袋の表示時間を目安に煮て

⑥ チーズ＆ねぎをぱらっと

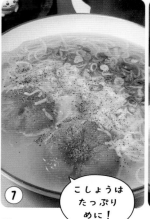

⑦ こしょうはたっぷりめに！

⑧ ずずーっ

No.**4**

味しみ白菜×ぷりっと
ウインナーが◎

ウインナー
白菜ロール

Wiener Chinese Cabbage Rolls

● 材料

Chinese cabbage
白菜の葉…11枚

Wiener
ウインナー（小）…10個前後

Parsley
パセリ（乾燥）…好きなだけ

A **Chicken broth mix**
鶏ガラスープの素…大さじ2

Ketchup ケチャップ…大さじ6

Water 水…400〜500㎖

① ラップで包んでレンチン2〜3分

② 芯の厚い部分はそいで刻んで

③ ウインナーを巻き巻き

④ 巻き終わりはようじで止めて

⑤ 刻んだ芯とⒶをIN!

⑥ ぎっしり…!

⑦ 15分くらい煮て　ぐつぐつ

⑧ パセリをパラパラ

No.5

何気にごはんのおかずにもなる

砂肝のアヒージョ

Chicken Gizzard Al Ajillo

● 材料

Chicken gizzard
砂肝…8個

Green onion
ねぎ…1/2本

Lemon juice
レモン汁…小さじ 1

Ⓐ
Garlic
にんにくのみじん切り…2 かけ分

Red chili
赤とうがらしの小口切り…1 本分

Chicken broth mix
鶏ガラスープの素…大さじ 1

Oyster sauce
オイスターソース…大さじ 1

Salt
塩…お好みの量

Pepper
こしょう…お好みの量

Olive oil
オリーブ油
…材料がひたるくらい

① 半分にカット

② 切れ目を入れて〜

③ ねぎをザワザワ

④ 砂肝とねぎとⒶをIN！

⑤ まぜまぜ

⑥ 色が変わるまで／中弱火でぐつぐつ

⑦ レモン汁でさっぱり

⑧ いただきます！

余熱で火を通すから肉がしっとり〜

No.6

フライパンで
牛肉のたたき

Beef Tataki

● 材料

Beef round
牛ももかたまり肉…400g

Olive oil
オリーブ油…大さじ2

Garlic
にんにくの薄切り…2かけ分

Young salad greens
ベビーリーフ…ひとつかみ

Ⓐ **Salt** 塩…小さじ1
Pepper こしょう…小さじ1/2
Black pepper
あらびき黒こしょう…少々

Ⓑ **Onion**
玉ねぎのみじん切り…1/8個分
Soy sauce しょうゆ…大さじ3
Sweet rice wine
みりん…大さじ2
Sugar 砂糖…大さじ2

Ⓐをふってすりすり

中弱火でじっくり！色づいたら取り出して

返しながら焼き色つけて

アルミホイルでくるり

Ⓑをまぜてレンチン2分

冷めたらスライス

にんにくチップとベビーリーフを添えて

パラパラ～

No.7

サクサクパンに
ソースをとろ〜り

巨大
グラタンパン

Bread Bowl Au Gratin

● 材料

White bread
食パン…1斤

Olive oil
オリーブ油…大さじ1

Chicken thigh
鶏もも肉（一口大に切る）…1枚

Salt
塩…少々

Pepper
こしょう…少々

Ⓐ **Butter** バター…10g
Spinach ほうれん草のざく切り…1/3束分
Onion 玉ねぎの薄切り…1/2個分

Ⓑ **Milk** 牛乳…400ml
Cake flour 薄力粉…40g
Stock granules 顆粒コンソメ…大さじ1

Ⓒ **Shredded cheese** ピザ用チーズ…30g
Black pepper あらびき黒こしょう…好きなだけ
Parsley パセリ（乾燥）…好きなだけ

切れ目を入れて くりぬいて 食べやすくカット

鶏肉焼いて 塩、こしょう

①

②

Ⓐを加えて 炒めて

じゅわ〜

③

ふた付き容器にⒷを入れてふりふり

④

Ⓑを注ぎ、煮詰めて

とろ〜り

⑤

食パンの穴にソースをIN！

⑥

Ⓒをかけてオーブントースターへ

6〜7分くらい

⑦

焼き目がついたらOK！

⑧

焼肉ってサンドにしてもうまいんだな…

No.8 ビーフホット
サンドイッチ

Hot Beef Sandwich

● 材料

Shaved beef
牛薄切り肉…150g

Olive oil
オリーブ油…お好みの量

Grilled meat sauce
焼肉のたれ…大さじ2

White bread
食パン（5枚切り）…2枚

Ⓐ **Shredded cheese**
ピザ用チーズ…30g

Mayonnaise マヨネーズ…大さじ1

Black pepper
あらびき黒こしょう…好きなだけ

① 牛肉にたれをかけて炒めて

② いったん取り出し

③ 肉汁を吸わせて

④ 油ぬりぬり

⑤ ひっくり返して焼き色をつけて

⑥ 牛肉とⒶをON

⑦ 油ぬりぬり

⑧ ひっくり返して焼き色がついたら完成

蒸し器いらず！ レンチンで至高の味

No.9

ぷりっぷり
花えびシュウマイ

Shrimp Dumpling

● 材料

Dumpling wrapper
シュウマイの皮…20枚

Cabbage
キャベツの葉…2〜3枚

Water 水…大さじ2

Mustard からし…好きなだけ

Cherry tomato
ミニトマト…2個

Shelled shrimp
むきえび（背わたを取り
あらく刻む）…100g

Ⓐ **Onion**
玉ねぎのみじん切り
…1/2個分

Ground pork
豚ひき肉…120g

Ⓑ **Potato Starch**
かたくり粉…大さじ2

Salt 塩…少々

Sugar 砂糖…小さじ1

Soy sauce
しょうゆ…小さじ2

Oyster sauce
オイスターソース…小さじ1

Sesame oil
ごま油…小さじ1

Chicken broth mix
鶏ガラスープの素…小さじ1

Ginger paste
しょうがチューブ…5cm

皮を重ねて
せん切りに

Ⓐに
Ⓑを加えて

粘りけが
出るまで

こねこね

皮を
まぶして

くるくる

キャベツを
しいて

水を
ふって

ラップして
レンチン
7分くらい

トマトと
からしを
添えて

No.10

ボリュームたっぷり甘辛トッポギ風鍋。 フライパンで作っても

ピリ辛もちえのき

Spicy Rice Cakes & Enoki Mushrooms

OUCHI GOHAN
Cook at my home is the best

● 材料

Rice cake
丸もち…4個

Oil
油…大さじ1

Enoki mushroom
えのきだけ…1袋

Sliced cheese
スライスチーズ…1枚

Green onion
ねぎの小口切り…1/4本分

Ⓐ **Gochujang**
コチュジャン…大さじ1

Sugar 砂糖…大さじ1

Chicken broth mix
鶏ガラスープの素…小さじ1

Soy sauce しょうゆ…大さじ1

Water 水…200mℓ

強火で

油ひいてこ〜んがり

①

ⒶをIN!

②

中火に

まぜまぜ

③

えのきと
ぐつぐつ

④

チーズと
ねぎをON!

⑤

かぽっ

⑥

チーズが
溶けたら
OK

⑦

のび〜

⑧

No.11

うまだれなすで
ごはんをくるり

大葉なす

Sauteed Eggplant in Dash

● 材料

Eggplant
米なす…2本

Rice bran oil
米油…ちょうどいい量

Japanese basil
大葉…20枚

A

Cooking sake
酒…100㎖

Sweet rice wine
みりん…50㎖

Gochujang
コチュジャン…大さじ1

Chicken broth mix
鶏ガラスープの素…小さじ2

Oyster sauce
オイスターソース…大さじ1

Soy sauce しょうゆ…大さじ3

Roasted sesame
いり白ごま…大さじ1

Sugar 砂糖…小さじ2

Sesame oil ごま油…大さじ2

Grated ginger
おろししょうが…小さじ1

Grated garlic
おろしにんにく…小さじ1

① うすーく スライス

② 米油を ぬりぬり

③ Ⓐを ひと煮立ち

④ ざばーっ

⑤ じゅ～ 両面に焼き色 をつけて

⑥ なす→大葉の 順に数段重ねて ひたひた

⑦

⑧ 全体を ひたして 完成！

まぐろのさくで作る
贅沢すぎる一品

No.12

極上
まぐろユッケ

Tuna Yukhoe

● 材料

Medium fatty tuna
まぐろ（中トロ）…2さく

Myoga ginger
みょうが…2本

A
Soy sauce しょうゆ…大さじ2
Gochujang コチュジャン…大さじ1
Sweet rice wine
みりん…大さじ1
Sesame oil ごま油…大さじ1
Grated garlic
おろしにんにく…1かけ分

B
Egg yolk 卵黄…1個
Roasted sesame
いり白ごま…好きなだけ
Green onion
万能ねぎの小口切り…1本分
Chili thread
糸とうがらし…ひとつまみ

厚みがあったら半分に

棒状にカット

うすーく刻んで

Ⓐをまぜ合わせて

まぜまぜ

まぐろをどぼん

もりもり

Ⓑをトッピング

卵黄とろ～り

ビールが
すすむよ

おしながき

熱々トマトがぷしゅっ！
火傷に注意
トマト
豚ロール

Pan-Fried Pork
Wrapped Tomatoes

大好物の砂肝を
スパイスソルト味で

砂肝の
串焼き

Chicken Gizzard
Skewers

ゴマだれつけると
ポリポリ止まらない〜

スティック
サラダ

Vegetable
Sticks

トマト豚ロール

● 材料

Cherry tomato
ミニトマト…9個

Pork belly slices
豚バラ薄切り肉…9枚

Seasoned salt
「マキシマム」or 塩、こしょう…好きなだけ

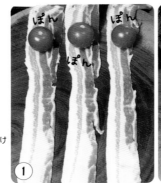

ぽん ぽん ぽん

くるくる

砂肝の串焼き

● 材料

Chicken gizzard
砂肝…8個

Oil 油…少々

Ⓐ **Seasoned salt**
「アウトドアスパイス
ほりにし」…好きなだけ

Sake
酒…大さじ2

半分に
カットして

薄切りに

スティックサラダ

● 材料

Radish 大根…1/4本

Carrot にんじん…1本

Bell pepper
パプリカ（赤・黄）…各1個

Cucumber きゅうり…2本

**Roasted sesame
dressing**
ごまドレッシング…好きなだけ

トントントン

トントントン

焼き色が
ついたら
裏返し

③ ぐさっ

④

⑤ 「マキシマム」
ふって

⑥ 豚肉に火が
通るまで
蒸し焼きに

③ ぐさっ

④ ジュー

⑤ Ⓐをふって

4〜5分くらい
蒸し焼きに

⑥ 仕上げに
ふたを取って
焼き色をつける

③ トントントン

④ トントントン

⑤

⑥ ごまドレ
添えて

39

How to Make a TikTok
実録! ケンティー撮影の裏側

準 備

料理の材料や調理器具、撮影機材をセット。最初はスマホ1台で撮影していましたが、今ではカメラ2台にマイクやストロボも使用。映像がめちゃくちゃ変わりました。

調理開始!

下ごしらえの最中は動きが地味になりやすいので、材料を置いたり切ったりする際もメリハリをつけて、映像としておもしろくなるようにしています。

調理中

文字がなくても見ただけで作り方がわかるようにしたいので、映りをチェックしながら進めます。同じ工程を違う角度から撮って見せることも。

画面の外では…

ずっとカメラの前にいるわけではなく、長時間煮たり焼いたりするときは洗い物もしちゃいます。だいぶ撮影に慣れて様子を見ながら動けるようになりました。

ある日のTikTok撮影の様子を大公開！ かつては料理しながら手元を映すだけで
精一杯でしたが、今では自撮りをベースにクローズアップレンズなども交えて、
料理をどう見せるかこだわりながら動画を作っています。

微調整

僕の動画で特に大切にしているのが、料理中の「音」。だからマイクの位置は重要です。カメラの位置やライトの明るさなども随時確認しています。

クライマックス

この角度がいいかな…？

焼き上がりは重要な見せ場。ジュージュー焼ける音もしっかり収録します。おいしそうに映る角度を探して何度も撮り直すこともあります。

盛りつけ&仕上げ

ここで「おいしそう」と思ってもらうことが肝なので、盛りつけはていねいに。アップで映して、照り具合やあふれる肉汁なども見せるようにしています。

実食

うま！

よく「全部食べているんですか？」と聞かれますが、食べてます！ どんな味でどんな食感か。言葉ではなく食べている表情から伝わるといいなと思います。

Part 2

両手で頬張る！

Amazing sandwich and
sushi roll recipes

わんぱくスナック

いただきま…

す！

恵方向く〜！

「なんかおなかすいたな」というときに食べたい、サンドやのり巻き。
おいしいだけでなく、インパクトもボリュームも満点なのがケンティー流。

デカいは正義。
やわらかめのパン推奨

大きな
焼肉ドッグ

Steak Sandwich

● 材料

Baguette
バゲット（ソフトタイプ／大）…1本

Red-leaf lettuce
サニーレタス…4枚

Boneless short rib
牛カルビ肉（焼肉用）…400g

Olive oil
オリーブ油…大さじ1

Salt
塩…お好みの量

Pepper
こしょう…お好みの量

Grated cheese
粉チーズ…好きなだけ

Ⓐ **Grilled meat sauce**
焼肉のたれ…60g

Lemon juice
レモン汁…小さじ1

切れ目を入れてくりぬき！

1

もぐもぐ

2

レタスをサンド

3

牛肉焼いて塩こしょう

4

Ⓐをまぜまぜ

5

牛肉も入れてまぜまぜ

6

ぽん、ぽん

7

粉チーズを好きなだけ！

8

ジューシーなチキンをガブリ！
脂がじゅわっ

照り焼きチキン サンドイッチ

Teriyaki Chicken Sandwich

● 材料

Chicken thigh
鶏もも肉…1枚

Olive oil オリーブ油…大さじ1

Shredded cabbage
せん切りキャベツミックス…1/2パック

Mayonnaise
マヨネーズ…大さじ2

White bread
食パン（5枚切り）…2枚

Ⓐ **Salt**
塩…お好みの量

Pepper
こしょう…お好みの量

Potato Starch
かたくり粉…大さじ2

Ⓑ **Soy sauce**
しょうゆ…大さじ2

Sweet rice wine
みりん…大さじ2

Sugar
砂糖…大さじ1

鶏肉にⒶをまぶして

しっかり 火を通して
皮目を下に7〜8分、裏返して4〜5分

ⒷをIN!

鶏肉を戻してからめて

たれもたら〜り
パンにキャベツの半量をON

鶏肉、キャベツ、マヨをON

ぎゅっ

半分にカット

しょうゆベースのソースと
わさびがマッチ

わさび入り
ハンバーガー

●材料

Roughly ground beef
牛あらびき肉…200g

Salt 塩…小さじ1/2

Olive oil オリーブ油…大さじ1

Butter バター…10g

English muffin
イングリッシュマフィン
（横半分に切る）…1個

Leaf lettuce
リーフレタス…1枚

Tomato
トマトの輪切り…1枚

A
Soy sauce しょうゆ…大さじ1
Sugar 砂糖…大さじ1
White wine 白ワイン…大さじ1

B
Mayonnaise マヨネーズ…大さじ1
Wasabi paste わさび…小さじ2

1. 塩を入れてこねこね

2. 平らな円形に

3. 両面に焼き色をつけて じゅ〜じゅ〜

4. 弱火でふたして5〜6分焼く かぽっ

5. Ⓐを熱して取り出す！

6. バターで断面を焼いて

7. ハンバーグ トマト レタス イングリッシュマフィン

8. ⑤のソースとⒷをかけサンド！

49

定番の味だけどこれが最高！
夜食ホットサンド
Sausage and Egg Grilled Sandwich

●材料

White bread
食パン（6枚切り）…2枚

Butter バター…10g

Sausage ソーセージ…2本

Egg 卵…1個

A **Salt** 塩…お好みの量

Pepper & Black pepper
こしょうとあらびき黒こしょう
…お好みの量

Shredded cheese
ピザ用チーズ…好きなだけ

B **Ketchup**
ケチャップ…お好みの量

Mayonnaise
マヨネーズ…お好みの量

Shredded cheese
ピザ用チーズ…好きなだけ

バター
ぬりぬり

①

ソーセージと
卵を焼いて

②

ⒶをON!

③

パンを
のっけ

④

ひっくり
返してじゅ〜

⑤

Ⓑとパンを
ON!

ひっくり
返してじゅ〜

⑥

焼き色が
つくまで

⑦

パクっ

⑧

51

トーストに肉汁を吸わせて
豪快にパクッ
ポークチョップ
チーズトースト
Open Faced Pork Chop Sandwich

●材料

Pork chop
骨つき豚ロース肉
（骨を切り落とす）…1枚

Seasoned salt
シーズニングソルト…好きなだけ

Butter
バター…40g

Rosemary　ローズマリー…1本

White bread
食パン（5枚切り）…1枚

Camembert cheese
カマンベールチーズ…1/2個

Steak sauce
ステーキソース…大さじ2

① 赤身と脂身の境目に切り込みを数か所入れ

② ソルトをすりすり

③ バターとローズマリーと豚肉をIN　ふたして7分ほど焼き

④ 裏返して3〜4分焼く

⑤ 火が通ったら取り出して

⑥ 残った脂でパンも焼こう

⑦ ソース　カマンベール　豚肉　パン

⑧ バーナーで表面をあぶると本格的！

53

外はカリッ、中からチョコとろ〜り

ホットチョコバナナ
メロンパン

Grilled Chocolate Banana Sandwich

● 材料

Melon-shaped bun
メロンパン…1個

Chocolate bar
板チョコレート（半分に割る）…1枚

Banana
バナナ（縦半分に切る）…1本

Strawberry flavored chocolate bar
板チョコレート（いちご）…1/2枚

甘いもんは別腹

① 横半分にカット

② いちごチョコ / バナナ / 板チョコ

③ 板チョコ / バナナ

④ ぽんっ

⑤ ぎゅ〜っと潰しながらはさんで

⑥ じゅ〜

両面に焼き色がつくまで

⑦ きつね色！

⑧ Good!

あんこもバターもたっぷり、ギルティな味

あんバターサンド

Anko Butter Sandwich

● 材料

Rye bread
ライ麦食パン（6枚切り）…2枚

Sweet Azuki bean paste
こしあん…150〜200g

Butter
バター…40g

断面に
うっとり…

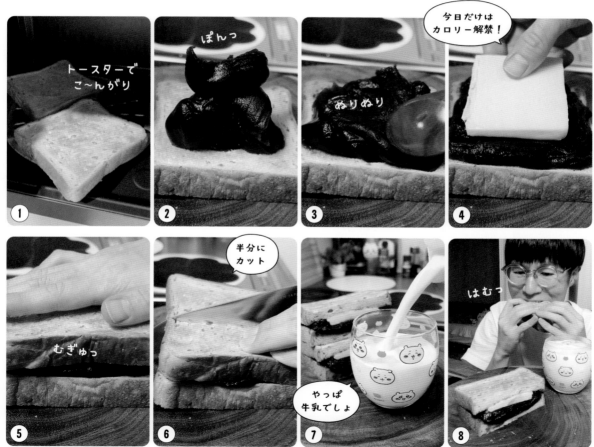

1 トースターで
こ〜んがり

2 ぽんっ

3 ぬりぬり

4 今日だけは
カロリー解禁！

5 むぎゅっ

6 半分に
カット

7 やっぱ
牛乳でしょ

8 はむっ

みんな大好き
マヨ味お寿司を丸かじり

特大ツナコーン
軍艦巻き

Tuna and Corn Battleship Roll

●材料

A
Canned corn
コーン缶（120g）…1缶

Canned tuna
ツナ缶（90g）…1缶

Mayonnaise
マヨネーズ…大さじ3

Mustard からし…小さじ1

Cooked rice
あたたかいごはん…2〜2.5杯

Toasted seaweed
焼きのり（大／縦半分に切る）…1枚

Soy sauce
しょうゆ…大さじ1/2

Parsley
パセリ（乾燥）…好きなだけ

① **A** を合わせて

② まぜまぜ

③ ごはんを かぱっ

④ まわりに のりを巻いて

⑤ もりもり

⑥ しょうゆと パセリをかけて

⑦ がぶっ

⑧ 崩れやすい ので注意！

ピリ辛キムチ味で
恵方巻きに新風が！

海鮮キムチ
恵方巻き

Ehomaki Sushi Roll

● 材料

Toasted seaweed
焼きのり（大）…1枚

Cooked rice
あたたかいごはん…1〜1.5杯

Ⓐ **Carrot**
にんじん（ピーラーで薄切り）…1/4本

Cucumber
きゅうり（ピーラーで薄切り）…1/2本

Boiled octopus
ゆでだこの薄切り…50g

Salmon
サーモン（刺身用）…100g

Kimchi
キムチ…50g

のりよりひと回り大きいオープンシートを用意

①

ぺたぺた

②

Ⓐを並べて

③

オープンシートを持ち上げながら

④

具材を巻き込んで

⑤

ぎゅっ
ぎゅっ

⑥

はじをカット

⑦

恵方に向かってぱくっ

⑧

ライスをこんがり焼いて
おいしさアップ

ポークライス
バーガー

Pork Yakiniku Rice Burger

● 材料

Onion
玉ねぎの薄切り…1個分

Pork scraps
豚こま切れ肉…125g

Olive oil
オリーブ油…お好みの量

Cooked rice
あたたかいごはん…2杯

Soy sauce
しょうゆ…お好みの量

Grilled meat sauce
焼肉のたれ…お好みで

Ⓐ **Salt** 塩…お好みの量

Black pepper
あらびき黒こしょう…お好みの量

Garlic paste
にんにくチューブ…小さじ1

① まぜまぜ（玉ねぎと豚肉にⒶをIN!）

② じゃっじゃっ

③ 油をぬりぬり

④ ぺたぺた

⑤ 豚こま炒めをサンド

⑥ 両面に焼き色がつくまで じゅ〜

⑦ 焼けたらしょうゆをぬって

⑧ お好みで焼肉のたれをプラス

スパムの塩気と卵焼きの甘さが相性よし

スパムむすび

Spam Musubi

● 材料

Canned luncheon meat
ポークランチョンミート缶のスライス
…1切れ

Canned tuna
ツナ缶（90g）…1缶

Mayonnaise
マヨネーズ…大さじ1

Egg
卵…1個

Toasted seaweed
焼きのり（大）…2枚

Cooked rice
あたたかいごはん…1.5杯

A **Sugar** 砂糖…小さじ1
Sweet rice wine みりん…小さじ1

ツナにマヨをまぜまぜ

両面こんがり

卵に A をまぜて薄く焼いて

のり / ごはん / 卵焼き / ランチョンミート / ツナマヨ

ごはんを接着剤に

かぶせてぎゅっ

ラップで包んで整えて

ラップごと切ると崩れない！

① ② ③ ④ ⑤ ⑥ ⑦ ⑧

65

One day with Kenty
密着! ケンティーのとある1日

Good Morning!

Run! Run!

7:30 ランニング

決して太らない体質ではなく、小学生の頃はかなりの肥満児でした。あの頃には戻りたくない! という一心で体重が気になってきたらランニングしています。

7:00 起床

起きてもまだ眠いときは二度寝することも。集中力が下がらないようにしっかり睡眠をとってから、その日の料理動画の撮影のことを考えていきます。

Hmmm...

10:30 レシピを考える

かつてはレシピ本を参考にしていましたが、最近はオリジナル中心。コンビニやお店のメニューを見ても「自分だったらどう作るかな?」と考えるようになりました。

Let's go!

11:30 買い物に行く

毎回ちゃんとレシピを固めて行くわけではなく、「今日は肉だな」とか「野菜を多めにしよう」など、その場で食べたいと思ったものを買うことが多いです。

12:00 撮影&お昼ごはん

P40でお見せしたような、料理して食べ終わるまでの撮影をお昼ぐらいから行っています。これが1日のメインのごはんでもあるので、がっつり食べています。

I'm hungry...

会社を辞めて今の活動に専念するようになってから、動画制作が生活の中心になりました。
どうしたら「おもしろい」「おいしそう」と思ってもらえるのか、
ずっと考えている毎日ですが、すごくやりがいを感じています。

`15:00` 編集

ずっと同じスタイルだと飽きてしまうし、自分がおもしろくないと見る人もそう感じてしまうと思うんです。だから動画の作り方もけっこう変えています。

`20:00` 投稿

「作ってみたい」などのコメントが励みに。ランニング風景を投稿したときは、地元・福井のかたから「うちの近所！」の声も。視聴者のかたを身近に感じました。

Hi!

`22:00`
ライブ配信＆
晩酌しながら
夜ごはん

話すのは苦手なんですが、回を重ねるうちに言葉のキャッチボールができるようになったので楽しみながら続けています。一人暮らしの寂しさもまぎれます（笑）

`24:00` 就寝

ちゃんとあたたかいお風呂に浸かって、すっきりしてから就寝。明日作るレシピを考えながら布団に入りますが、けっこうすぐに眠くなって寝てしまいます。

ZZZ...

Part 3

ごはんにのっけて！

ITADAKIMASU

とろたま〜

10 One-Bowl meals
to make right now

ごちそう丼

とまらん…

Good!

お手軽なうえ、洗い物も少ない丼ものは一人飯の定番メニュー。
疲れた日でもさっと作れて、おなかも心も満たされる丼ものを考えてみました。

卵黄をまぜてコクと
まろやかさをプラス

豚キムチ丼

Pork Kimchi Stir-Fry Rice Bowl

● 材料

Pork scraps
豚こま切れ肉…350g

Kimchi
キムチ…200g

Green onion
ねぎ…1/2本

Cooked rice
あたたかいごはん…1〜2杯

(A) **Shirodashi**
白だし…大さじ1

Chili bean sauce
豆板醤…大さじ1

Sesame oil
ごま油…大さじ1

(B) **Roasted sesame**
いり白ごま…好きなだけ

Egg yolk
卵黄…1個

豚、キムチ、ねぎをフライパンにIN

Aを順に加えてもみもみ

まぜながらいためて

斜めに薄くカット

① ② ③ ④

具材完成

もりもり

Bをトッピング

卵黄まぜるとまろやか〜

⑤ ⑥ ⑦ ⑧

安いまぐろでも
マヨを足すと中トロ風に

ねぎだく
まぐろのたたき丼

Minced Raw Tuna Bowl

● 材料

Minced raw tuna
まぐろのたたき…150g

Green onion
ねぎ（青い部分）の小口切り…1/2本分

Mayonnaise
マヨネーズ…大さじ1

Cooked rice
あたたかいごはん…1〜2杯

Ⓐ **Green onion**
ねぎ（白い部分）の小口切り
…お好みで

Soy sauce
しょうゆ…大さじ1/2

Sweet rice wine
みりん…大さじ1/2

Rice vinegar
酢…小さじ1

Sesame oil
ごま油…小さじ1

Wasabi paste
わさびチューブ…5cm

まぐろ

Ⓐを順に加えて

よーくまぜまぜ

とろ〜

ねぎましまし！

ちゅ〜

さらにまぜまぜ

うま！

焼肉のたれとレモン汁が隠し味♪

サーモン
アボカド丼

Salmon and Avocado Rice Bowl

●材料

Raw salmon
サーモン（刺身用）…100g

Avocado
アボカド…1/2個

Soft boiled egg
温泉卵…1個

Roasted sesame
いり白ごま…好きなだけ

Cooked rice
あたたかいごはん…1～2杯

A **Grilled meat sauce**
焼肉のたれ…大さじ2

Sesame oil ごま油…大さじ1/2

Lemon juice レモン汁…小さじ1

Roasted sesame
いり白ごま…好きなだけ

① 角切り！

② サーモンと同じ大きさに

③ ④をIN

④ まぜまぜ

⑤ どさっ

⑥ 温玉ぱかっ

⑦ パラパラッ

⑧ まぜるととろうま～

とろとろ卵のやさしい味に癒される
カニカマあんかけ丼
Crab Stick Omelette on Rice

● 材料

Egg
卵…2個

Sesame oil
ごま油…大さじ1

Cooked rice
あたたかいごはん
…1〜2杯

Ⓐ **Sake**
酒…大さじ1

Salt 塩…お好みの量

Pepper こしょう…お好みの量

Crab stick
かに風味かまぼこ…100〜150g

Ⓑ **Green onion**
ねぎの斜め薄切り
…1/2本分

Soy sauce
しょうゆ…大さじ1

Shirodashi
白だし…大さじ1

Sweet rice wine
みりん…大さじ1

Sugar 砂糖…小さじ1

Rice vinegar
酢…大さじ1/2

Water 水…150㎖

Ⓒ **Potato Starch**
かたくり粉…大さじ1

Water 水…大さじ1

卵をといて
Ⓐをまぜまぜ

①

Ⓑを鍋で
あたためて

②

Ⓒでとろみづけ

あんが
完成！

③

フライパンに
油をしっかり
熱してから

卵液をIN

④

まぜながら
いためて

半熟程度に！

⑤

ごはんもりもり

⑥

卵をかぶせて

⑦

あんを
とろ〜り

⑧

納豆に生卵をまぜて
口当たりふんわり

納豆キムチ
ごはん

Natto and Kimchi Rice Bowl

● 材料

Natto
納豆…1パック

Egg
卵…1個

Cucumber
きゅうり…1本

Cooked rice
あたたかいごはん…1〜2杯

Kimchi
キムチ…100g

Wasabi paste
わさびチューブ…好きなだけ

Ⓐ **Grated garlic**
おろしにんにく…1かけ分

Chicken broth mix
鶏ガラスープの素…小さじ1/2

Mentsuyu
めんつゆ（2倍濃縮）…小さじ2

Sesame oil ごま油…大さじ1

1. 付属のたれで味つけ

2. 卵を入れてまぜまぜ

3. いちょう切りにして

4. Ⓐを加えてまぜまぜ

5. キムチ多めがうまい！

6. もりもり

7. とろー

8. わさびがアクセント

こんがり油揚げと大根おろしの名コンビ

香ばし焼き油揚げ丼

Fried Tofu Rice Bowl with Grated Radish

●材料

Radish
大根…1/4本

Fried tofu
油揚げ…4枚

Cooked rice
あたたかいごはん…1〜2杯

Dried young sardines
ちりめんじゃこ…15g

Green onion
ねぎ（青い部分）の小口切り…15g

Soy sauce
しょうゆ…大さじ1〜2

ヘルシーだけど満腹！

大根すりすり ①

細切りに ②

中強火でこんがり焼いて ③

ごはんにON! ④

じゃこものっけて ⑤

おろし添え ⑥

ねぎをパラパラ＆しょうゆちょろっ ⑦

さっぱりうまっ ⑧

てりっと玉こんにゃく丼

プリップリの玉こんをごはんにどーん！

Teriyaki Konjac Rice Bowl

● 材料

Ball-shaped konjac
玉こんにゃく…30個

Sesame oil
ごま油…大さじ1

Cooked rice
あたたかいごはん
　…1〜2杯

Egg yolk
卵黄…1個

Mustard
からし…小さじ1

Soy sauce
しょうゆ（卵黄用）
…お好みで

A **Soy sauce**
しょうゆ…大さじ2

Sake
酒…大さじ2

Sweet rice wine
みりん…大さじ2

Sugar　砂糖…大さじ1

B **Cayenne pepper powder**
一味とうがらし…好きなだけ

Roasted sesame
いり白ごま…好きなだけ

Green onion
万能ねぎの小口切り…1本分

空炒りして水気を飛ばして

キューキュー

ごま油をプラス

Ⓐで味つけ

ころんころん

ⒷをON

卵黄とからしをのせて

好みで追いしょうゆ

イケる…！

アボカドに濃厚だれと
卵黄をからめて

こくうま
アボカド丼

Avocado Rice Bowl

● 材料

Avocado
アボカド…1個

Egg yolk
卵黄…1個

Roasted sesame
いり白ごま…好きなだけ

Cooked rice
あたたかいごはん…1〜2杯

A Soy sauce
しょうゆ…小さじ2

Chili bean sauce
豆板醤…小さじ1

Sugar 砂糖…小さじ1

Sesame oil
ごま油…大さじ1

ぐるっと
切れ目を入れて
ひねると半分に

①

皮をむいて
角切り

②

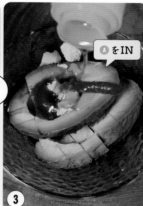

AをIN

③

まぜまぜ

④

ごはんに
のせて

⑤

するっ

⑥

香ばしさ
をプラス

⑦

😊

⑧

意外にイケる！ 夏においしいさっぱり丼

トマトジンジャー丼

Tomato Ginger Rice Bowl

● 材料

Tomato
トマト…1個

Ginger
しょうが…1かけ

Soy sauce
しょうゆ…大さじ1

Cooked rice
あたたかいごはん…1〜2杯

Egg yolk
卵黄…1個

Black pepper
あらびき黒こしょう…好きなだけ

暑い日は
火を使い
たくない…

ヘタを
取って

①

角切りに

②

しょうが
すりすり

③

しょうゆ
ちょろっ

④

さっと
まぜて

⑤

ごはんに
ON

⑥

卵黄のせて

⑦

黒こしょう
でピリッ

⑧

天かすのクリスピーな食感を楽しんで

自家製なめたけ丼

Enoki Mushroom Rice Bowl

● 材料

Enoki mushroom えのきだけ…1袋
Mentsuyu めんつゆ（2倍濃縮）…大さじ2
Cooked rice あたたかいごはん…1〜2杯
Egg yolk 卵黄…1個
Soy sauce しょうゆ（卵黄用）…お好みで

A **Rice vinegar**
酢…小さじ1/2
Butter
バター…10g

B **Tempura bits**
天かす…大さじ3
Green onion
ねぎの斜め薄切り…3cm分

1. 食べやすい長さにカット
2. めんつゆで煮て
3. ④を加えてぐつぐつ / とろみがつくまで
4. とろ〜り
5. ⑤をトッピング
6.
7. しょうゆはお好みで
8. なめたけ×卵＝最高！

89

How to Upgrade Instant Noodle

カップめんちょい足しアレンジ

GOOD!

arrange 1

刺激的、なんだけどクリーミー

シーフードヌードル ＋チーズキムチ

とろけるカマンベールがめんにからみ、極上の味わいに。キムチのシャキッとした食感もいいアクセントです

これを

アレンジ！

カマンベールチーズ、赤とうがらし、キムチ、刻んだねぎをON。お湯を注いで3分蒸らしたら完成！

arrange

2

コクまろスープに
ほんのりピリッ
辛ラーメン
＋バターミルク

付属の粉末スープをIN。お湯のかわりに沸騰直前まであたためた牛乳を多めに注いで。

バター、こしょう、粉チーズをON。3分蒸らしたら完成！

これを

アレンジ！

激辛の辛ラーメンも、牛乳を入れることでとってもまろやかになって、食べやすくなりますよ

Yummy♡

NONGSHIM.

こんなペヤング、食べたことない
ペヤング＋ミルクキャベツ

これを

めんとキャベツ、付属のかやく、ウインナー、牛乳250mlを中火で熱して。

キャベツがしんなりしたら付属のソース、ふりかけ、スパイスを入れて、よーくまぜて完成！

アレンジ！

青のりふってね

牛乳と焼きそばソースが絶妙にマッチ。新しいペヤングの味にたどりつけます。キャベツ、ウインナーも入れるとおいしさがアップ

NICE IDEA!

arrange 4

甘いのにスパイシー。
未知の領域へ

カレーヌードル
＋雪見だいふく

これを

月見だいふくをON。
お湯を注いで3分蒸ら
したら完成！

食べる前によくまぜて、クリー
ミーに仕上げて。

アレンジ！

アイスがカレーに溶けて
まろやかに。意外ですが
カレーの辛さとアイスの
甘さが最高に合うんです。
ぜひお試しを〜♪

I LOVE
IT!

Part 4

鍋＆ワンパン料理!!

Easy hot pot and fry pan recipes
and arranged menu

シメのごはん＆めんも

Yum

最後の一滴まで
オイシイ……!!

鍋やフライパンひとつで作れるメニューが大集合。そのまま食卓へ出しても◎。
さらに、料理の残り汁を活用したアレンジメニューもご紹介します。2度おいしいって幸せ！

ARRANGE

鍋に残った汁に、ごはん1杯とカマンベールチーズ1/2個を入れてひと煮立ちさせ、あらびき黒こしょうをたっぷりふれば、とろーりクリーミーなチーズリゾットに！ よくまぜて食べて。

まろやかスープの鍋に
ラー油を効かせて

ミルク
ミルフィーユ鍋

Millefeuille Hot Pot

● 材料

Chinese cabbage
白菜の葉…5枚

Pork belly slices
豚バラ薄切り肉…350g

Milk
牛乳…80㎖

Ground sesame
すり白ごま…大さじ1

A
Soy sauce
しょうゆ…大さじ1
Chicken broth mix
鶏ガラスープの素…小さじ2
Chili bean sauce
豆板醤…大さじ1
Water
水…300㎖

B
Chili oil
ラー油…小さじ1
Green onion
万能ねぎの小口切り…3本分

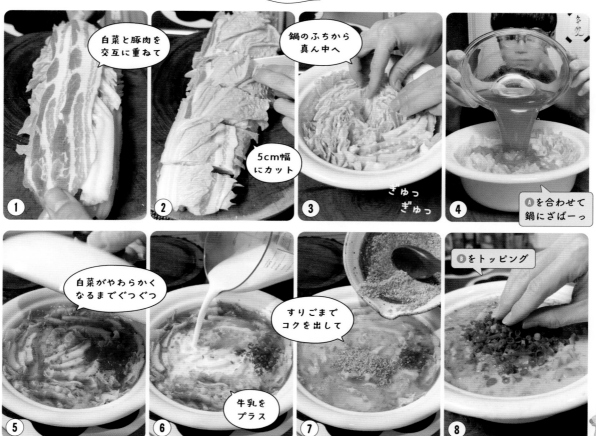

1. 白菜と豚肉を交互に重ねて
2. 5cm幅にカット
3. 鍋のふちから真ん中へ / ぎゅっ ぎゅっ
4. Ⓐを合わせて鍋にざばーっ
5. 白菜がやわらかくなるまでぐつぐつ
6. 牛乳をプラス
7. すりごまでコクを出して
8. Ⓑをトッピング

97

魚介の風味がしみ出た汁に、スライスしたバゲットをIN。たっぷり吸わせて具材をのせて食べれば、うまみを余すことなく味わうことができます。おなかもいっぱいになるはず。

つまみにぴったりな
白だし風味

えびとたこの
アヒージョ

Shrimp and Octopus Al Ajillo

● 材料

Garlic
にんにくのみじん切り
　…1かけ分

Red chili
赤とうがらしの小口切り
　…2本分

Shelled shrimp
むきえび…11匹

Boiled octopus
ゆでだこの足…1本

**King trumpet
mushroom**
エリンギ…1本

Ⓐ **Olive oil**
　オリーブ油…適量

Shirodashi
白だし…大さじ2

Ⓑ **Lemon juice**
レモン汁…小さじ2

Green onion
ねぎの小口切り…5cm分

えび

にんにく

とうがらし

①

エリンギを
さいてIN

たこの足は
ぶつ切りに

②

③

Ⓐを順に注いで

④

中弱火で
火が通るまで

ぐつぐつ

⑤

仕上げにⒷをIN

⑥

オイルに
ひたパンして

⑦

ごちそうさま

⑧

スパゲッティ100gを固めにゆでて、フライパンに残った汁に加えいためれば、貝のうまみたっぷりパスタのできあがり。パセリをふって、残ったムール貝のワイン蒸しを添えて。

うまみたっぷりの汁は
1滴も残したくない

ムール貝の
ワイン蒸し

Steamed Mussels in White Wine

●材料

Mussel
ムール貝（冷凍）…500g

Red chili
赤とうがらし…1本

Garlic
にんにく…2かけ

Olive oil
オリーブ油…大さじ2

White wine
白ワイン…100mℓ

Butter
バター…15g

Salt
塩…お好みの量

Pepper
こしょう…お好みの量

① CUT！

② 中弱火で香りが出るまでいためて

③ 中火に　白ワイン、ムール貝、バターをIN

④ ふたをして蒸し焼きに

⑤ 殻が開いたら塩、こしょう

⑥ 汁は捨てないで！

⑦ かぱっ

⑧ じゅる〜

町中華のあの味をおうちで再現！
青菜の中華炒め
Stir-Fried Bok Choy

ARRANGE

残り汁をフライパンに戻し、油
大さじ1、卵1個、ごはん1.5
杯、ねぎの小口切り1本分、し
ょうゆ小さじ2、鶏ガラスープ
の素小さじ1を投入。いため
たら絶品チャーハンが完成。

● 材料

Bok choy
ちんげん菜…2株

Garlic
にんにく…3かけ

Red chili
赤とうがらし…2本

Ⓐ **Rice bran oil**
米油…大さじ1
Chinese soup stock paste
中華調味料ペースト…小さじ2

Ⓑ **Sesame oil**
ごま油…大さじ1
Chicken broth mix
鶏ガラスープの素…小さじ1

ザクザク

①

トン トン トン

②

チョキ チョキ

③

中弱火で

にんにく、とうがらしとⒶをいためて

④

ちんげん菜投入!

⑤ 中火に

Ⓑで味をととのえて

⑥

Good!

⑦

この汁、何かに使えないかな…

⑧

つまみのあとは丼で！
豚ひきでも○K

おかず
ひき肉めんま

Stir-fried Bamboo Shoots

●材料

Bamboo shoots
めんま（水煮）…400g

Sesame oil ごま油…大さじ2

Red chili
赤とうがらしの小口切り…2本分

Ground beef and pork
合いびき肉…200g

Green onion
ねぎの斜め薄切り…1/4本分

Oyster sauce
オイスターソース…小さじ2

Egg yolk 卵黄…1個

A

Soy sauce しょうゆ…大さじ2

Sweet rice wine みりん…大さじ2

Chicken broth mix
鶏ガラスープの素…小さじ1

Chili bean sauce 豆板醤…小さじ1

Sugar 砂糖…小さじ1

フライパンで作れるのに本格的！

サクふわえびマヨ

Shrimp with Mayonnaise Sauce

●材料

Frozen shrimp
冷凍むきえび…20匹

Potato Starch
かたくり粉…大さじ2

Oil
揚げ油…フライパンの
底から1cmくらい

Prawn cracker
えびせん…4枚

Leaf lettuce
リーフレタス…2〜3枚

A **Mayonnaise**
マヨネーズ…大さじ3
Ketchup ケチャップ…大さじ1
Sugar 砂糖…小さじ1
Chili bean sauce
豆板醤…小さじ1
Milk 牛乳…大さじ1

背わたがあれば
とろう

海水くらいの
塩水につけて解凍

よく水気を
とって

かたくり粉
をもみもみ

じゅわじゅわ

高温でカラッ
とするまで

残った油でえび
せんカリッと

Ⓐをまぜまぜ

えびをIN

えびせんと
レタスを
添えて完成!

① ② ③ ④ ⑤ ⑥ ⑦ ⑧

天かすと卵入りで肉なしでも大満足

カリッとキャベツ焼き

Japanese Cabbage Pancake

● 材料

Cabbage
キャベツの葉…5枚

Oil
油…大さじ1

A
Cake flour
薄力粉…80g
Water 水…120㎖
Dashi granules
和風だしの素…小さじ1

B
Egg 卵…1個
Tempura bits
天かす…大さじ3
Red pickled ginger
紅しょうがのみじん切り…10g

C
Okonomiyaki sauce
お好み焼きソース…好きなだけ
Mayonnaise マヨネーズ…好きなだけ
Green seaweed flake
青のり…好きなだけ

葉をくるくる巻いて

1

タタタタタ…

2

Aをまぜて生地完成

3

生地とキャベツをIN

じゅー

4

Bをのせて

5

かぽっ

弱火で6分くらい蒸し焼きに

6

火が通ったら折りたたんで

7

Cをトッピング

8

もちもち食感と玉ねぎの甘さがgood

玉ねぎの
チーズガレット

Onion Cheese Galette

● 材料

Onion 玉ねぎ…2個

Olive oil
オリーブ油…大さじ2

Egg 卵…1個

Salt
塩…お好みの量

Black pepper
あらびき黒こしょう
…お好みの量

Wiener
ウインナー…2本

A **Mentsuyu**
めんつゆ（2倍濃縮）…大さじ2

Chicken broth mix
鶏ガラスープの素…小さじ1

Potato Starch かたくり粉…大さじ3

Shredded cheese
ピザ用チーズ…40g

スパパパパ

①

Ⓐを加えて
まぜまぜ

②

フライパン
にIN

フライ返し
で表面を
押さえて

③

底面に
焼き色が
ついたら

④

えいやっ

⑤

反対も
同じように
焼いて

ジュー

⑥

塩こしょうした
目玉焼きと焼いた
ウインナーをON

⑦

はむっ

⑧

Question & Answer

教えて！ ケンティー 一問一答

Q.1 What is your job?

どんなお仕事を
しているのですか？

Answer 料理系のショート動画を作ること。主に自分が日々作っているごはんを発信していますが、企業から依頼を受けて商品などのPR動画を作ることもあります。

Q.2 Where did you learn to cook?

料理はどこで
学んだのですか？

Answer 一人暮らしを始めてからレシピ本を買い、それを見ながら実践することで自分なりに料理の作り方や味つけを学びました。

Q.3 likes and dislikes about food

好きな食べ物、苦手な
食べ物はなんですか？

Answer 好きな食べ物は、お肉全般！ ステーキなどがっつり頬張るのがたまりません。苦手な食べ物はしいたけ、なめこです。

Q.4 About your hairstyle

なぜその髪型なのですか?

Answer 以前は前髪を揃えていなかったのですが、一度パッツンにしてみたら、服装がシンプルでもキマる気がしたので、それからずっとパッツンです。「のび太!」ってSNSでは言われます。あと、おでこを出していると皮脂がテカるのが気になっちゃうので。

Q.5 Why did you start TikTok?

TikTokを始めたきっかけは?

Answer もともと動画投稿や発信することに興味はあったのですが、ずっと、家族と暮らしてきたので恥ずかしくて撮影できませんでした。33歳で初めて一人暮らしをすることになり、「撮影できるやんっ」と、気軽に始めたのがTikTokでした。やってみたら楽しくて、ずっと続けているうちに…現在に至ります。

Q.6 Where do you live?

どこに住んでいますか?

Answer 福井県に住んでいます。静かでとても住み心地がよいです。

Q.7 Why don't you gain weight?

動画ではたくさん食べているように見えますが、なぜ、太らないの?

Answer 1日2食なんです。基本的に昼に動画撮影したときと、夜のライブ配信のときのみで、それ以外ではほとんど食べません。体重計にも毎日乗って、自分の体重を常に把握するようにしています。さらに適度にランニングもするので太りにくいのかもしれません。

Part 5 背徳感がたまらない

キラキラ〜 * *

あむ

Cheat day dessert recipes

バズりスイーツ

お店で売っているようなスイーツも、実はおうちで簡単に作れるんです。
今日だけはダイエットのことを忘れて、たっぷりいただきましょう！

かじると果汁が口いっぱいにじゅわー

マスカット
チョコレート

Chocolate-Covered Muscat

● 材料

Shine muscat grape シャインマスカット…1房（25粒）

White chocolate bar 板チョコレート（ホワイト）…1枚

Milk chocolate bar 板チョコレート（ミルク）…1枚

Powdered sugar 粉砂糖…好きなだけ

① 水洗い

② ふきふき

③ 割って耐熱ボウルにIN

④ レンジに1分30秒かけまぜまぜ

⑤ チョコをからめて

⑥ だいたい冷めたら

⑦ 冷蔵庫で15分くらい／表面が固まればOK

⑧ 粉砂糖でおめかし

飴をパリッと仕上げて屋台の味に

おうちでいちご飴

Candied Strawberries

118

● 材料

Strawberry いちご（大粒）…10粒前後
Water 水…50㎖
Sugar 砂糖…150〜180g

1. 水洗い ざぶざぶ
2. ふきふき
3. 砂糖と水を火にかけて
4. 沸騰して飴色になったら
5. ぬれふきんにのせて
6. いちごをくるり
7. 冷めたら完成！
8. ぱりじゅわ〜

餃子の皮が
さくさくタルトに大変身！

エッグタルト

Egg Custard Tarts

● 材料

Egg
卵…1個

Dumpling wrapper
餃子の皮…6枚

Black sugar syrup
黒みつ…好きなだけ

A # Heavy cream
生クリーム…100㎖

Sugar
砂糖…大さじ2

① 卵に Ⓐ を入れて

② 生地完成！ まぜ まぜ

③ アルミカップに 餃子の皮を 敷き詰めて

④ 生地をIN

⑤ 180℃の オーブンで 25分くらい

⑥ 焼き色が ついたらOK

⑦ 仕上げに 黒みつ

⑧ さくうま！

冷蔵庫で固めるだけで本格スイーツ爆誕

ミルクチョコレート
プディング

Milk Chocolate Pudding

● 材料

Milk
牛乳…900㎖

Chocolate
チョコレート …200g

Soybean flour
きなこ…お好みの量

A **Sugar** 砂糖…20g

Powdered gelatin
粉ゼラチン （ふやかさないタイプ）
…20g

ひとりじめ
スイーツ♡

中弱火で
牛乳を
あたためて

①

完全に
溶けたら

チョコを
入れて
まぜまぜ

②

③

沸騰は
NG!

A を入れて
まぜまぜ

④

冷ましてから
冷蔵庫へ

5時間くらい

⑤

ぱかっ

⑥

きなこ
ふりふり

⑦

いざ！

⑧

上品な甘さがたまらない福井名物

簡単水ようかん

Soft Adzuki- Be

●材料

Water 水…500㎖
Powdered agar 粉寒天…4g
Raw cane sugar 黒糖…50g
Sweet azuki bean paste こしあん…250g

1. 水に粉寒天を溶かして
2. 2分沸騰させ黒糖をIN
3. まぜまぜ
4. 火を止めこしあんIN
5. まぜまぜ
6. とろみがつくまでまぜまぜ / 冷たい水に鍋底をつけて
7. 型に入れて冷蔵庫へ / 1時間くらい
8. CUT！

きなこと黒みつを
たーっぷりからめて

黒みつ
安倍川もち

Rice Cakes with Soybean Flour

●材料

Rice cake 丸もち…2個

Water 水…もちがひたるくらい

Soybean flour きなこ…50g

Black sugar syrup 黒みつ…好きなだけ

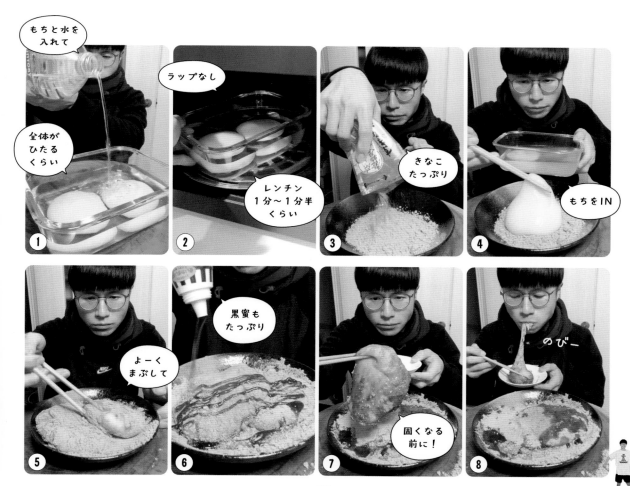

もちと水を入れて

全体がひたるくらい

①

ラップなし

レンチン1分〜1分半くらい

②

きなこたっぷり

③

もちをIN

④

よーくまぶして

⑤

黒蜜もたっぷり

⑥

固くなる前に！

⑦

のびー

⑧

ケンティー健人（けんと）

料理×ASMRを軸に、目と耳と食欲を刺激する料理クリエイター。料理を中心に新しいコンテンツを日々模索し、海外のファンも急増中。SNS総フォロワー数は810万人超え（2023年12月時点）。ライブ配信が魅力でファンサービスにも定評がある。「暗殺者のパスタ」のレシピ動画が670万回以上再生され、「TikTok上半期トレンド大賞2023」グルメ部門の「レシピ賞」にて、「暗殺者のパスタ」をトレンド化させたTikTokクリエイターを代表して表彰された。

● TikTok
@kenty_cook

● Instagram
@kenty_cook

● YouTube
@kentycook

ブックデザイン
吉村亮　石井志歩（Yoshi-des.）

撮影
原ヒデトシ

p.4,5,7,40,41の写真と作り方のプロセスカット
ケンティー健人

フードコーディネート・スタイリング
EAT TOKYO

協力
PPP STUDIO株式会社

取材・編集協力
野田りえ

編集担当
中野桜子

編集デスク
樋口健、北川編子（光文社）

レシピ初公開！（はっこうかい）
「レシピのほぼないレシピ」

ケンティー健人の世にもおいしい一人飯（ひとりめし）

2023年12月30日　初版第1刷発行

著　者　ケンティー健人（けんと）
発行者　三宅貴久
発行所　株式会社 光文社
　　　　〒112-8011 東京都文京区音羽1-16-6
　　　　電話　編集部03-5395-8172
　　　　　　　書籍販売部03-5395-8116
　　　　　　　業務部03-5395-8125
　　　　メール　non@kobunsha.com

落丁本・乱丁本は業務部へご連絡くだされればお取り替えいたします。

組　版　堀内印刷
印刷所　堀内印刷
製本所　ナショナル製本